SYLT *genuss*

EINFACH NUR KÖSTLICH

Fotografiert von Günter Pump

Husum

Sylt à la carte

Sylt – die Insel der Schönen und Reichen – hier isst man nur Austern und Kaviar, trinkt Whisky und Champagner? Weit gefehlt! Denn ebenso vielseitig wie die Landschaft und die Orte der beliebten Urlaubsinsel sind die Genüsse aus Küche und Keller. Zwar kann Sylt die höchste Dichte an Restaurants mit gehobenem Angebot pro Einwohner in Deutschland aufweisen, von denen mehrere von renommierten Gastronomieführern ausgezeichnet wurden, doch hat die Insel darüber hinaus für jeden Geldbeutel und Geschmack etwas zu bieten. Im legeren Strandbistro über gemütliche Friesenstuben unter Reet bis zur sterneglänzenden Gourmetküche, in Teestuben, Bars und Kneipen ist das Angebot sowohl vielfältig als auch qualitätvoll. Ganz oben auf der Speisekarte – auch auf den Tischen der Einheimischen – rangiert natürlich, was das Meer vor der Haustür zu bieten hat, Seefisch und Schalentiere. Aber auch andere regionale Spezialitäten wie das besonders delikate Salzwiesenlamm prägen die Küche der Insel.
Dass man zwischen Hörnum und List, zwischen Morsum und Westerland ebenso traditionell Friesisches und gutbürgerlich Bodenständiges wie auch die kreative moderne Küche entdecken kann, zeigen die von Günter Pump gesammelten Rezepte. Er hat Sylter Hausfrauen und Profiköchen in die Töpfe geschaut und die kulinarischen Schätze der größten deutschen Nordsee-Insel gehoben: Hummer klassisch, Wenningstedter Fischklößchensuppe, Lister Aalsuppe, Morsumer Muscheltopf, Lammlachs mit Zuckerschoten, Kampener Entenbrust mit Mango-Sanddorn-Chutney, Grünkohl und süße Kartoffeln, Fasan in feiner Rotweinsauce, Keitumer Sommersalat, Futtjes, Rote Grütze, Sylter Teecreme, … und und und.
42 der besten Rezepte laden Sie ein zu einer kulinarischen Reise kreuz und quer über die Insel. Seeluft macht bekanntlich hungrig, und so lassen Sie sich hoffentlich zu kulinarischen Streifzügen verführen und zu neuen Geschmackserlebnissen inspirieren. Dabei muss Köstliches nicht kompliziert sein, wie die einfachen Anleitungen beweisen, mit denen das Nachkochen auch zu Hause problemlos gelingen sollte. Die Fotos machen Lust auf Sylt-Genuss oder rufen vielleicht die Erinnerung an einen unvergesslichen Nordseeurlaub wach …

Überbackene Austern

2 große Sylter Royal Austern je Person, Butter, Sahne, trockener Sekt, Zitronensaft, evtl. Salz und Pfeffer.

Den Backofen auf 250 °C vorheizen (Oberhitze oder Grill). Die Austern außen gut abbürsten und vorsichtig öffnen, sodass keine Schalensplitter an die Austern kommen. Das Fleisch von der Schale lösen und das Austernwasser auffangen.
In jeweils eine Schalenhälfte das Fleisch, etwas Austernwasser, etwas Sekt, etwas Sahne, einen winzigen Spritzer Zitronensaft und darauf etwas Butter geben.
Auf dem Backblech ein Bett aus Salz formen, die gefüllten Austernschalen darauf legen und das Backblech 3 Minuten in den vorgeheizten Ofen geben.
Vor dem Servieren evtl. etwas nachsalzen und ein wenig groben Pfeffer über die Austern mahlen.
Dazu Weißbrot reichen.

Jakobsmuscheln mit mariniertem Kürbis

250 g frischer Kürbis, 10 g frische Ingwerwurzel, 1 gestrichener TL Zucker, Salz, Cayennepfeffer, 4 EL Limettensaft, 5 EL Haselnussöl, 8 ausgelöste Jacobsmuscheln, 100 g Feldsalat, weißer Pfeffer, 1 Eiweiß, 30 g Sesamsaat (geschält), Öl zum Braten.

Kürbis dick schälen, die Kerne herausschaben, das Fruchtfleisch in feine Streifen schneiden. Ingwer schälen und fein reiben. Kürbis mit Ingwer, Zucker, Salz, Cayennepfeffer, 2 EL Limettensaft und 2 EL Haselnussöl marinieren und 60 Minuten im Kühlschrank durchziehen lassen. Das Muschelfleisch 30 Minuten in kaltes Wasser legen. Den Feldsalat putzen, gründlich waschen und gut abtropfen lassen.

Für die Vinaigrette 3 EL Wasser mit restlichem Haselnussöl und Limettensaft verrühren, salzen und pfeffern. Muschelfleisch trocken tupfen, quer halbieren, salzen und pfeffern. Das Eiweiß schaumig rühren. Jakobsmuscheln auf der Schnittfläche erst ins Eiweiß, dann in die Sesamsaat tauchen. Sesam gut andrücken.

Öl stark erhitzen. Muscheln auf der Sesamseite 2 Minuten braten, wenden und weitere 4 Minuten braten.

Feldsalat durch die Vinaigrette ziehen und mit dem Kürbissalat anrichten. Die gebratenen Jakobsmuscheln dazulegen.

Kartoffel-Mini-Röstis

100 g Schlagsahne, 100 g Crème double, 2–3 EL Wodka, weißer Pfeffer, $^{1}/_{2}$ Bund Schnittlauch, 2 Scheiben Räucherlachs, 400 g festkochende Kartoffeln, 2 kleine Eier, Salz, Butterschmalz zum Braten, 50–100 g Forellenkaviar.

Sahne steif schlagen. Die Crème double cremig rühren, mit Wodka und Pfeffer würzen und mit dem in sehr feine Ringe geteilten Schnittlauch unter die Sahne heben. In den Kühlschrank stellen. Den Räucherlachs in Streifen schneiden.

Die Kartoffeln schälen, waschen, raspeln und im Tuch ausdrücken. Die Eier gut verquirlen, salzen und pfeffern und unter die Kartoffeln mischen.

Butterschmalz in einer Pfanne portionsweise erhitzen und die Kartoffelmasse teelöffelweise hineinsetzen. Sofort etwas flachdrücken, sodass sie etwa 5 cm groß werden. Auf beiden Seiten goldbraun braten.

Auf einer dicken Lage Haushaltspapier abtropfen lassen, jeweils einen Sahneklecks in die Mitte der Röstis setzen und eine Hälfte mit Lachsstreifen, die andere Hälfte mit Kaviar krönen.

Tatar von Matjes

120 g Sauerkraut, 1 Schalotte, 4 mittelgroße rohe Kartoffeln, 1 Ei, Salz, Paprika gemahlen, schwarzer Pfeffer, 10 g Butterschmalz.
4 Matjesfilets, $^1/_2$ säuerlicher Apfel, 1 kleine Gewürzgurke, 1 Schalotte, etwas gehackter Dill, Pfeffer, 4 kleine gebratene Eier.
Zwiebelringe, Salatblättchen, Apfelscheiben, Dillspitzen und Salatblättchen als Garnitur.

Sauerkraut, etwas klein geschnitten und ausgedrückt, mit den geriebenen rohen Kartoffeln mischen, Ei, gehackte Schalotte, Salz, Paprika und Pfeffer zugeben. Butterschmalz in die Pfanne geben, erhitzen und Sauerkrautplinsen goldgelb braten.
Matjesfilets, Apfel und Gewürzgurke klein schneiden, mit gehackter Schalotte, Dill und Pfeffer abschmecken.
Matjes auf den Sauerkrautplinsen anrichten, gebratenes Ei auf das Tatar setzen und garnieren.

Spargel mit Jakobsmuscheln

4 große Jakobsmuscheln, Salz, Pfeffer, etwas Pflanzenöl.
Vinaigrette: 200 ml Hummerfond, 120 g rote Paprikaschote, 1 Knoblauchzehe, 2 Frühlingszwiebeln, 30 g Schalotten, 2 cl Noilly Prat, 50 ml Weißweinessig, 70 ml Olivenöl mit Zitrone, Salz, weißer Pfeffer.
500 g weißer Spargel, Salz, 1 Scheibe Zitrone.

Jakobsmuscheln sorgfältig waschen, säubern. Die Muscheln aus der Schale heben, den grauen Rand vom weißen Muskelfleisch und dem orangefarbenen Corail abziehen. Den Corail vorsichtig vom weißen Muskelfleisch trennen.

Für die Vinaigrette den Hummerfond auf etwa 10 EL reduzieren. Paprikaschote halbieren, das Fruchtfleisch sehr fein würfeln. Knoblauch und Schalotte schälen, beides fein hacken. Frühlingszwiebeln putzen, in dünne Ringe schneiden. Hummerfond mit Essig, Noilly Prat und Öl verrühren. Paprika, Knoblauch, Schalotten und Frühlingszwiebeln untermischen, salzen und pfeffern.

Vom Spargel das untere Ende abschneiden, Stangen schälen. Bündeln und in kochendem Salzwasser mit der Zitronenscheibe in 10–15 Minuten garen, die Stangen in Stücke schneiden und warm halten. Muskelfleisch und Corail mit Öl bepinseln, auf dem vorgeheizten Grill von jeder Seite 2 Minuten grillen.

Hummer klassisch

2 tiefgekühlte Hummer, Salz, 2 Zitronen, 1 Bund Dill, 100 g Butter, $^1/_4$ l Schlagsahne, 2 EL Mayonnaise, Pfeffer, etwas Zucker.

Hummer auftauen lassen (nach Packungsangabe). Der Hummer ist bereits gekocht und sollte nicht mehr erhitzt werden, sonst wird das Hummerfleisch hart. Ein stabiles Messer am Rückenpanzer ansetzen und den Hummer halbieren. Den schwarzen Darm am Schwanzende entfernen. Die Hummer mit Zitronenscheiben und Dillzweigen anrichten. Butter mit einer Prise Salz und einigen Tropfen Zitronensaft schaumig rühren, in einer kleinen Schale mit einer Zitronenspalte garniert servieren. Sahne halbsteif schlagen, Mayonnaise unterrühren und mit Salz, Pfeffer und etwas Zucker würzen. Dill fein wiegen und unterheben. In einer zweiten Schale mit einem Dillzweig anrichten.
Dazu wird Toast gereicht.

Zöpfchen von Seezunge und Lachs

10 Seezungenfilets, etwa 400 g Lachsfilet, Salz, Pfeffer, 100 ml trockener Weißwein, 100 ml Fischfond, Saft von 1 Zitrone, 3–4 EL Aceto Balsamico, 2 EL Hühnerbrühe, 1 Prise Zucker, 5 EL Olivenöl, $^{1}/_{2}$ Bund Schnittlauch, $^{1}/_{2}$ Bund Kerbel, Basilikum- und Dillzweige, Schaschlikspieße, Tomaten zum Garnieren.

Seezungenfilets und Lachs in schmale Streifen schneiden. Jeweils 3 Stränge zu einem Zopf flechten (2 Seezungenstreifen und 1 Lachsstreifen oder 2 Lachsstreifen und 1 Seezungenstreifen). Jeden Zopf auf einen Schaschlikspieß stecken und mit Salz und Pfeffer würzen.

Wein, Fischfond und Zitronensaft in einer Pfanne erhitzen und die Fischzöpfe darin wenige Minuten garen.

Essig und Hühnerbrühe mit Salz, Pfeffer und Zucker verquirlen und das Öl unterrühren. Schnittlauch fein schneiden, die Kräuter hacken und unter die Vinaigrette mischen.

Spieße anrichten, mit der Kräutervinaigrette beträufeln und mit Tomaten garnieren.

VIN BLANC DE TABLE FRANÇAIS
Blanc de Blancs
Mis en bouteille par
David & L.
ST-GEORGES-DE-RENEINS

Archsumer Kartoffelsuppe

500 g mehligkochende Kartoffeln, 400 g Porree, 1 l Hühnerbrühe, $^1/_2$ Becher Schlagsahne, $^1/_2$ Becher Crème fraîche, Salz, frisch gemahlener Pfeffer, Muskat, 2 Scheiben Weißbrot.

Kartoffeln schälen und in Würfel schneiden. Porree putzen, waschen und in Stücke schneiden (ein Stück Porree zum Garnieren beiseite legen). Porree und Kartoffeln in der Hühnerbrühe 20 Minuten kochen. Im Mixer pürieren. Mit Crème fraîche verrühren. Locker unter die Suppe ziehen. Mit Salz, Pfeffer und Muskat abschmecken. Brot würfeln und in einer Pfanne ohne Fett anbraten. Restlichen Porree in sehr feine Ringe schneiden. Zusammen mit den Brotwürfeln auf die Suppe streuen. Mit der Schlagsahne verfeinern.

Hörnumer Krabbensuppe

1000 g Nordseekrabben (mit Schale gewogen), 40 g Butter, $^1/_2$ Fenchelknolle, 1 kleine Gemüsezwiebel, 1 Tomate, 25 g Tomatenmark, 1 l Gemüsebrühe, 1 Lorbeerblatt, 10 Pfefferkörner, 50 g Butter, 50 g Mehl, 100 ml Sahne, Salz, Pfeffer, Petersilie.

Die frischen Krabben pulen (Schalen aufheben). Für den Fond den Fenchel, die Zwiebel und die Tomate grob zerkleinern. Zusammen mit den Krabbenschalen und Tomatenmark in einem Topf mit 40 g Butter anschwitzen, mit Gemüsebrühe auffüllen, alle Gewürze dazugeben und etwa 45 Minuten köcheln lassen. Den Fond durch ein feines Sieb seihen.

Für die Mehlschwitze die Butter leicht anbräunen, das Mehl hinzufügen und den heißen Fond nach und nach einrühren. Die süße Sahne hinzufügen und die Suppe mit Salz und Pfeffer abschmecken. Einige Krabben auf die Teller geben, dann die Suppe auffüllen und in die Mitte einen Klecks geschlagene Sahne und weitere Krabben geben. Mit gehackter Petersilie garnieren.

Schaumsuppe „Rotes Kliff" mit Rotbarschspießen

500 g kleine Rote Bete, Salz, 500 g Gemüsezwiebeln, 1 Knoblauchzehe, 30 g Butter, $^{1}/_{8}$ l trockener Weißwein, 400 ml Gemüsebrühe, 250 g Schlagsahne, Pfeffer, 300 g Rotbarschfilet, 8 hauchdünne Scheiben Speck, 3 EL Olivenöl, $^{1}/_{2}$ Bund Schnittlauch.

Rote Bete in Salzwasser etwa 60 Minuten kochen, pellen und grob würfeln. Zwiebeln und Knoblauch pellen und fein würfeln. Butter in einem Topf schmelzen, alles darin andünsten und mit Wein, Brühe und Sahne aufgießen. Mit Salz und Pfeffer würzen und zugedeckt 25 Minuten kochen.

Rotbarsch in 16 gleich große Würfel schneiden. Speck halbieren und jedes Rotbarschstück in eine halbe Scheibe Speck einrollen. Dann je 4 Stück auf einen Holzspieß stecken.

Die Suppe mit dem Schneidstab fein pürieren und durch ein Sieb streichen. Mit Salz und Pfeffer würzen. Die Spieße in einer großen Pfanne von jeder Seite 2 Minuten knusprig braten. Schnittlauch in Röllchen schneiden.

Die Suppe nochmals aufkochen, auf Teller verteilen und mit den Spießen und Schnittlauch servieren.

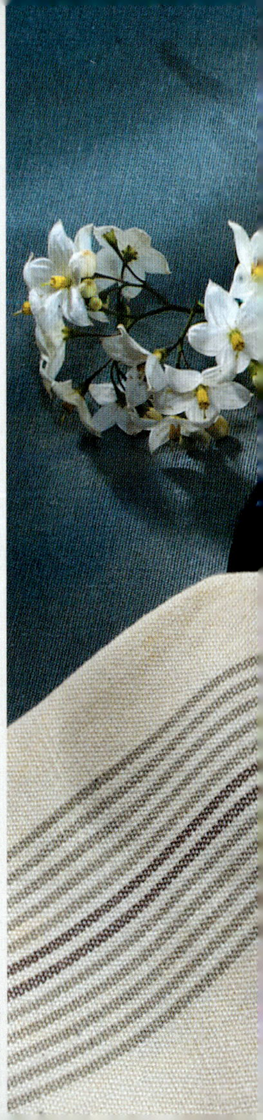

Wenningstedter Fischklößchensuppe

500 g Fischfilet, 6 EL Semmelbrösel, 1 Ei, $^1/_2$ TL Salz, $^1/_2$ TL Zitronensaft, 2 EL gehackte glatte Petersilie, 3 Frühlingszwiebeln, 2 Möhren, 1 EL Butter, 80 g Fischpaste.

Fischfilet unter fließend kaltem Wasser abspülen und mit Küchenpapier trocken tupfen. Danach durch die feine Scheibe des Fleischwolfs drehen. Mit den übrigen Zutaten zu einem Teig verarbeiten.
Frühlingszwiebeln und die Möhren putzen und in kleine Scheiben schneiden. In der heißen Butter etwa 5 Minuten anschwitzen, dann die in 1 l Wasser aufgelöste Fischpaste zugießen und weitere 5 Minuten kochen lassen.
Für die Klößchen einen Topf mit Salzwasser zum Kochen bringen. Mit einem feuchten Teelöffel Klößchen abstechen. Die Hitze reduzieren und die Klößchen darin 10 Minuten ziehen lassen. Danach die Klößchen mit einem Schaumlöffel aus dem Salzwasser heben und gut abgetropft in die Suppe geben.

Lister Aalsuppe

400 g Räucheraal, 2 l Fischfond, 1 kleine Möhre, $^{1}/_{2}$ Sellerieknolle, 1 Lorbeerblatt, 2 Birnen, 6 Backpflaumen, Salz, weißer Pfeffer, Zitronenwasser.

Den Aal filetieren und in gleich große Stücke schneiden. Den Fischfond mit den Gräten und dem Lorbeerblatt auf mittlerer Flamme auf 1 l reduzieren. Danach passieren, kühl stellen und entfetten. Das Gemüse waschen, putzen, in Rauten schneiden und blanchieren. Die Birnen achteln und in Zitronenwasser legen. Die Backpflaumen halbieren. Die Suppe erwärmen, mit den Gewürzen abschmecken und mit dem Gemüse, Backpflaumen und Aal servieren.

Morsumer Muscheltopf

250 g Staudensellerie, 1 Gurke, 500 g Tomaten, 5 Frühlingszwiebeln, 1–2 Knoblauchzehen, 2000 g geputzte Miesmuscheln, 750 ml Gemüsebrühe, 250 ml Weißwein, Salz, Pfeffer, 4 EL gehackte Petersilie, 5 EL kalt gepresstes Olivenöl.

Sellerie putzen und schräg in dünne Scheiben schneiden. Gurke längs halbieren und quer in $^1/_2$ cm dicke Scheiben schneiden. Tomaten halbieren, Stielansatz entfernen. Fruchtfleisch in Spalten schneiden. Alles in eine große Schüssel geben.
Frühlingszwiebeln putzen. Das Weiße und Hellgrüne schräg in dünne Ringe schneiden. Knoblauch in sehr dünne Scheiben schneiden. Muscheln kalt abspülen, geöffnete Muscheln aussortieren.
Brühe und Wein in einem weiten Topf aufkochen. Frühlingszwiebeln, Knoblauch und Muscheln zugeben und zugedeckt aufkochen. Bei mittlerer Hitze 5 Min. kochen lassen, dabei gelegentlich mit einem großen Löffel durchmischen. Muscheln, die sich beim Kochen nicht geöffnet haben, aussortieren.
Brühe kräftig mit Salz und Pfeffer abschmecken. Alles kochend heiß über das Gemüse geben. Petersilie darüberstreuen und mit dem Öl beträufeln.
Mit Stangenweißbrot servieren.

Miesmuscheln mit Lachs

250 g Miesmuscheln,100 ml Fischfond, 100 ml Weißwein, Salz, Pfeffer, 1 kleine Mango, 1 kleine Lauchstange, 100 ml Kokosmilch, 2 TL gelbe Currypaste, 2 Lachsfilets (je 150 g, ohne Haut), Bratschlauch.

Geputzte Miesmuscheln in kaltem Wasser gründlich waschen. Fischfond und Weißwein aufkochen. Salzen und pfeffern. Muscheln zufügen und zugedeckt 5 Minuten dünsten. In einem Sieb abtropfen lassen, dabei den Sud auffangen. Muschelfleisch aus der Schale lösen.

Mango schälen, Stein entfernen und das Fruchtfleisch würfeln. Die Lauchstange gründlich waschen, das obere Grün abschneiden. Das Weiße und das helle Grün in 3 cm breite Streifen schneiden.

Muschelsud mit Kokosmilch und gelber Currypaste verrühren. Lachsfilets rundum salzen und nebeneinander in den Bratschlauch legen. Muscheln, Mango, Lauch und Currysud über den Lachs verteilen. Beutel zubinden, auf ein Blech legen und nach Packungsanweisung einschneiden. Im vorgeheizten Ofen bei 180 °C auf der untersten Schiene 12–15 Minuten garen.

Zander unter der Blutwurstkruste

600 g Zanderfilet, 1 Knoblauchzehe, 4 Zweige Thymian, Rosmarin, Öl, Butter, Salz, Pfeffer, Zitronenschale. *Kruste:* 140 g weiche Blutwurst (ungeräuchert), 80 g Semmelbrösel, 70 g weiche Butter, 10 g gehackter Majoran, Pfeffer. *Sauerkraut:* 500 g Sauerkraut, 250 ml Weißwein, 150 ml Sahne, 30 g Karottenwürfel, 1 Kartoffel, 20 g Zwiebelwürfel, Gewürzsäckchen (Lorbeer, Piment, Wacholder, Pfeffer), etwas Zucker. *Röstkartoffeln:* 600 g kleine Pellkartoffeln, 30 g Bauchspeck gewürfelt, 50 g Lauchzwiebeln, 20 g Majoran, 10 g gemahlener Kümmel, Öl, Salz, Pfeffer.

Butter für die Kruste schaumig schlagen, mit Wurst vermengen, Semmelbrösel und Majoran untermischen, mit Pfeffer würzen. Flach auf ein Blech streichen, abgedeckt kühlen lassen. Sauerkraut waschen, Zwiebel glasig anschwitzen, mit Zucker leicht karamellisieren, mit Weißwein ablöschen und Gewürzsäckchen zugeben. Kraut in den Fond geben und weich kochen. Am Ende der Garzeit Karottenwürfel und eine geriebene rohe Kartoffel zugeben, durchmischen und nochmals aufkochen. Sahne zum Verfeinern zugießen. Gewürzsäckchen entfernen. Kartoffeln pellen, in Öl kross braten, mit Salz würzen. Wenn sie eine Kruste bekommen, Bauchspeck mitbraten. Am Schluss Kümmel und Majoran unter Schwenken zugeben und in feine Scheiben geschnittene Lauchzwiebeln untermischen. Zander portionieren, salzen. In nicht zu heißem Öl anbraten. Temperatur reduzieren, Butter und restliche Zutaten zugeben, Filets ca. 7 Minuten in schäumender Butter gar ziehen lassen. Kruste in Vierecke (Größe der Filets) schneiden, auf die Filets drücken und im Grill überbacken.

Kabeljaukoteletts auf Basilikum-Tomaten

500 g mittelgroße Tomaten, 1 EL Olivenöl, Salz, schwarzer Pfeffer, 1 Bund Basilikum, 4 Kabeljaukoteletts, Zitronensaft, Zitronenpfeffer, frisch geriebene Muskatnuss, $^{1}/_{4}$ l Fischfond, 4 TL Butter als Flöckchen.

Die Tomaten blanchieren, häuten und in Scheiben schneiden, dabei Kerne und Stielansatz entfernen. Eine Auflaufform mit Olivenöl auspinseln, die Tomaten hineinlegen, salzen und pfeffern. Basilikum waschen und 4 Zweige beiseite legen. Von den restlichen die Blättchen abzupfen und über die Tomaten streuen.
Backofen auf 200 °C vorheizen.
Die Koteletts waschen, trockentupfen, mit Zitronensaft beträufeln, salzen und mit Zitronenpfeffer und Muskat leicht würzen.
Fischfond in die Form gießen und die Koteletts nebeneinander auf die Tomatenscheiben legen. Die Butterflöckchen darauf verteilen und auf jedes Kabeljaukotelett einen Zweig Basilikum legen. Die Auflaufform auf die mittlere Schiene des Backofens stellen und den Fisch in 15 Minuten garen. Mit Basilikum bestreuen und mit Salzkartoffeln servieren.

Rantumer Maischolle

4 frische Schollen, 3 EL Zitronensaft, 2 kleine Zwiebeln, 50 g Mehl, 3 EL Butter, 1 Bund Petersilie, 8 Zitronenscheiben, 100 g durchwachsener Speck, Pfeffer, Salz.

Die ausgenommenen Schollen unter fließendem kaltem Wasser waschen und mit Küchenkrepp gut abtrocknen. Anschließend ganz leicht salzen, pfeffern und mit Zitronensaft beträufeln. Den durchwachsenen Speck in kleine Würfel schneiden und die Zwiebeln ganz klein hacken. Speck und Zwiebeln in einer Pfanne 5 Minuten andünsten, dann warm stellen. Die Scholle oben und unten jeweils zweimal einschneiden und in Mehl wälzen. In dem Speck-Zwiebel-Fett von jeder Seite 5–6 Minuten goldbraun braten und auf vorgewärmten Tellern anrichten, Speck darübergießen und mit Petersilie und Zitronenscheiben garnieren.
Hierzu reicht man Bratkartoffeln.

Fenchel mit Lammkoteletts und roter Zwiebelmarmelade

4 Fenchelknollen, 200 g rote Zwiebeln, Butter, 1 EL Rübenkraut, 3 EL Himbeeressig, 4 Doppelkoteletts vom Lamm, Salz, Pfeffer.

Das Fenchelgrün fein schneiden, die Fenchelknollen achteln, blanchieren, abschrecken und abtropfen lassen. Die Zwiebeln in grobe Stücke zerteilen.
Die Zwiebelstücke mit wenig Butter erhitzen, das Rübenkraut zugeben und leicht karamellisieren lassen. Anschließend mit dem Himbeeressig ablöschen und vom Herd nehmen.
Lammkoteletts salzen, pfeffern und in wenig Butter von beiden Seiten 3 Minuten braten.
Den Fenchel mit etwas Butter erhitzen, das Fenchelgrün zugeben, abschmecken und auf vorgewärmten Tellern anrichten. Die Lammkoteletts anlegen. Die Zwiebelmarmelade aufkochen, 2 EL Butter einarbeiten, nicht mehr kochen lassen, nachwürzen und auf den Tellern verteilen.

Lammlachs vom Salzwiesenlamm mit Zuckerschoten

1000 g Lammrücken, 2 Knoblauchzehen (zerdrückt), Rosmarin, Thymian, Salz, Pfeffer, 2 EL Öl.
300 g Zuckerschoten, Salz, 30 g Butter, Balsamicosauce.

Lammrücken mit den in Öl verrührten Kräutern und Gewürzen einreiben. Im 250 °C heißen Ofen 30 Minuten braten, auf 150 °C herunterschalten und weitere 30 Minuten braten. Backofen ausschalten und den Lammrücken bei geöffneter Tür 10 Minuten ruhen lassen. Fleisch vom Knochen lösen und in 2 cm dicke Scheiben schneiden.
Zuckerschoten 3–4 Minuten in Salzwasser garen, abgießen und in der Butter schwenken.
Lachsscheiben mit Zuckerschoten und Balsamicosauce garnieren.
Dazu passt Baguette.

Tinnumer Schweinefilet

50 g Mandelstifte, 500 g Austernpilze, 1 Zwiebel, 1 Knoblauchzehe, 600 g Schweinefilet, 3 EL Öl, 150 g Kirschtomaten, etwa 5 EL Sherry, Salz, Pfeffer, getrockneter Estragon, 200 g Schlagsahne, 2 Zweige glatte Petersilie.

Mandelstifte in einer beschichteten Pfanne ohne Fett anrösten. Austernpilze putzen. Zwiebel und Knoblauch pellen und fein würfeln. Schweinefilet in 3 cm dicke Scheiben schneiden. Öl in einer Pfanne erhitzen, Fleisch von jeder Seite 3 Minuten braten, herausnehmen und warm stellen.
Austernpilze, Zwiebel, Knoblauch und Kirschtomaten im Bratfett 5 Minuten bei starker Hitze braten, mit Sherry ablöschen und mit Salz, Pfeffer und Estragon würzen. Sahne hinzufügen, 5 Minuten leise kochen lassen. Petersilie abzupfen, fein hacken und zusammen mit den Mandeln untermischen.

Schweinekoteletts mit Frühlingszwiebeln

3 Bund Frühlingszwiebeln, 20 g frische Ingwerwurzel, 1 rote Peperonischote, 3 EL bunter Pfeffer, abgeriebene Schale von 1 Zitrone, 150 ml Olivenöl, 4 Schweinekoteletts, Salz, 2 EL flüssiger Honig, 100 ml Gemüsebrühe, schwarzer Pfeffer, 3 EL Öl, 1 Bund Salbei.

Die Frühlingszwiebeln putzen und in 6 cm lange Stücke schneiden. Ingwer schälen und fein hacken. Peperoni längs halbieren, entkernen und in Streifen schneiden.
Bunten Pfeffer in einem Mörser zerstoßen, die Zitronenschale hinzufügen. Mit 2 EL Olivenöl mischen. Koteletts salzen und mit der Pfeffermischung einreiben. Etwa 15 Minuten ziehen lassen.
2 EL Olivenöl in einer Schmorpfanne erwärmen. Ingwer, Peperoni und Frühlingszwiebeln darin anschwitzen. Honig und Brühe hinzufügen, mit Salz und schwarzem Pfeffer würzen.
3 EL Öl in einer Pfanne erhitzen und die Koteletts pro Seite etwa 4 Minuten braten.
Restliches Olivenöl in einem Topf erhitzen, Salbeiblätter von den Stielen zupfen und darin frittieren. Abtropfen lassen. Die Koteletts mit Zwiebelgemüse und frittierten Salbeiblättern anrichten.
Dazu passt Stangenweißbrot.

Spargelspitzen mit Salzbutter

1500 g weißer Spargel, 1 große Stange Lauch, 400 g Kartoffeln, 200 g gesalzene Butter, Salz, Pfeffer.

Spargel waschen und schälen, das untere Ende abschneiden. Die Abschnitte und Schalen in kaltem, leicht gesalzenem Wasser aufkochen und etwa 10 Minuten ohne Hitzezufuhr ziehen lassen. Abschnitte herausnehmen und den Spargel in dem siedenden Wasser garen.
Lauch der Länge nach teilen, waschen und in dünne lange Streifen schneiden. Diese anschließend blanchieren, abschrecken und abtropfen lassen. Die Kartoffeln in leicht gesalzenem Wasser garen.
Butter in einem kleinen Topf schmelzen. Je drei Spargel mit einem Lauchstreifen zusammenbinden und zum Erhitzen in das Spargelwasser zurücklegen.
Spargelbündel mit den Kartoffeln auf Tellern anrichten und die geschmolzene Butter darübergeben.
Dazu passt Kochschinken.

SAUVIGNON
HENRI LAROCHE

Munkmarscher Hähnchenbrust

1 rote Paprikaschote, 1 kleine Fenchelknolle, 400 g kleine, festkochende Kartoffeln, 300 g Tomaten, 4 Knoblauchzehen, 2 Zweige Oregano, 4 Hähnchenbrüste (je 150 g, mit Haut, ohne Knochen), 6 EL Olivenöl, Salz, weißer Pfeffer, je 15 schwarze und grüne Oliven (zusammen etwa 100 g, ohne Stein), 100 ml Geflügelfond, 4 EL Balsamessig.

Paprikaschote waschen, halbieren, weiße Trennwände und Kerne entfernen, Paprikahälften in 3 cm große Rauten schneiden. Fenchelknolle waschen, längs halbieren und die Hälften jeweils längs in Spalten schneiden. Kartoffeln waschen, schälen und halbieren. Tomaten waschen, vierteln und die Stielansätze entfernen. Knoblauchzehen pellen und in dünne Scheiben schneiden. Oregano waschen, trocken schütteln, die Blätter abzupfen. Die Haut der Hähnchenbrüste vorsichtig mit den Fingern etwas vom Fleisch lösen. Je Brust 3–4 Oreganoblätter unter die Haut schieben. Mit Holzstäbchen feststecken. Olivenöl in einer Pfanne erhitzen, die Hähnchenbrüste mit der Hautseite zuerst von jeder Seite 2 Minuten bei mittlerer Hitze anbraten. Mit Salz und Pfeffer würzen und aus der Pfanne nehmen. Kartoffeln, Fenchel und Knoblauch im verbliebenen Olivenöl 2 Minuten anbraten. Paprika, Oliven und die restlichen Oreganoblätter dazugeben. Geflügelfond und Balsamessig dazugießen und einmal aufkochen. Mit Salz und Pfeffer würzen. Die Hähnchenbrüste mit der Hautseite nach oben und die Tomatenviertel auf das Gemüse setzen.

Im vorgeheizten Backofen bei 200 °C auf der 2. Einschubleiste von oben 20 Minuten garen.

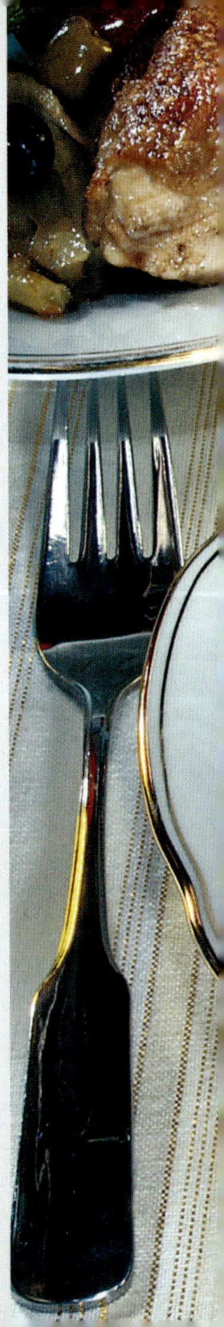

Kampener Entenbrust mit Mango-Sanddorn-Chutney

1 Mango, 15 g Ingwer, 100 g Sanddorn-Beeren, 1 kleine Chilischote, 4 EL Vollrohrzucker, 5 EL Weißweinessig, 1 Prise Salz, 1 Prise Pfeffer. 50 g Rauke, 1 kleiner Friséesalat, 1 Bund Radieschen, 1 EL Olivenöl, 2 TL Zitronensaft, 2 EL Balsamico-Essig, 1 TL Zucker, 600 g Entenbrust.

Mango und Ingwer schälen. Mangostein herauslösen und Mango in Würfel schneiden. Ingwer klein hacken. Sanddorn waschen und abtropfen lassen. Chili waschen, entkernen und klein hacken. Alles mit Zucker, Essig und 4 EL Wasser in einem Topf aufkochen und ca. 15 Minuten bei mittlerer Hitze kochen lassen. Würzen.
Rauke waschen, trocken schütteln und die Stielenden abschneiden. Friséesalat waschen, zupfen und trocken schütteln. Radieschen putzen, waschen und in dünne Scheiben schneiden. Öl, Zitronensaft, Zucker und Essig mischen. Würzen. Zum Salat geben.
Entenbrust waschen, trocken tupfen und die Fettschicht mit einem Messer kreuzweise einschneiden. Würzen. Eine Pfanne ohne Fett erhitzen. Entenbrust von beiden Seiten (mit der Fettseite zuerst) kross anbraten und mit Deckel etwa 10 Minuten garen lassen. Entenbrust in Scheiben schneiden und mit dem Chutney und Salat servieren.

Grünkohl
und süße Röstkartoffeln

2000 g Grünkohl, Salz, 200 g Zwiebeln, 100 g Schweineschmalz, 400 g Schweinebacke, 600 g Kasseler mit Knochen, 4 Kochwürste, Salz, 800 g sehr kleine Kartoffeln, Butterschmalz zum Braten, 2 EL Zucker.

Grünkohl mehrmals waschen, abtropfen lassen, von den Stielen streifen und in reichlich Salzwasser blanchieren. Abgetropft klein hacken. Zwiebeln pellen, würfeln und in Schweineschmalz glasig dünsten, den Grünkohl darin wenden, salzen, mit 1 l Wasser begießen und 1–2 Stunden bei milder Hitze zugedeckt schmoren lassen. Schweinebacke und Kasseler 60 Minuten, Kochwürste etwa 30 Minuten auf dem Kohl mitgaren. Inzwischen die Kartoffeln kochen, abgießen, pellen und kalt werden lassen. Butterschmalz in zwei großen Pfannen erhitzen. Kartoffeln unter häufigem Rütteln darin rundum goldbraun braten, danach salzen, mit dem Zucker bestreuen und leicht karamellisieren.
Fleisch in Scheiben schneiden und mit den Würsten auf dem Kohl anrichten. Röstkartoffeln dazu servieren.

Fasan in feiner Rotweinsauce

1 küchenfertiger Fasan (etwa 1200 g), 1 EL Butterschmalz, 100 g Zwiebeln, 100 g Staudensellerie, 100 g Möhren, 250 g Tomaten, 1 EL Mehl, 1 Lorbeerblatt, 5 Pimentkörner, 5 Pfefferkörner, 2 Gewürznelken, abgeriebene Schale einer Zitrone, $^{1}/_{2}$ l Rotwein, Salz, Pfeffer.

Den Fasan unter fließendem Wasser gründlich waschen und trocken tupfen. Brüste und Keulen auslösen und parieren, salzen und pfeffern.
Den restlichen Fasan in kleine Stücke hacken. Keulen und Brüste gut anbraten, herausnehmen. Die Knochenstücke in demselben Fett anbräunen. Zerkleinerte Möhren, Zwiebeln und Sellerie auch bräunen, dann die gewürfelten Tomaten einrühren und die Flüssigkeit fast verdampfen lassen. Das Mehl einstreuen, gut durchrühren. Wenig Rotwein dazugeben und einkochen lassen. Diesen Vorgang wiederholen, bis der Wein verbraucht ist. 500 ml Wasser dazugeben, aufkochen. Fleisch, zerdrückte Gewürze, Lorbeerblatt und Zitronenschale dazugeben und köcheln lassen. Nach 10–12 Minuten die Keule und Brüste herausnehmen und warm halten. Den restlichen Topfinhalt durch ein feines Sieb streichen. In dieser Sauce das Fleisch nochmals erwärmen und abschmecken.
Dazu passen Rotweinfeigen und Gemüse der Saison ausgezeichnet.

Rehsteaks mit Hagebuttensauce

4 Rehsteaks, Butterschmalz, 30 g Butter, Salz.
1 Orange, 1 TL Honig, 5 cl Madeira, 150 g Crème fraîche,
4 EL Hagebuttenkonfitüre, Salz, Pfeffer, Cayennepfeffer.

Butterschmalz erhitzen. Rehsteaks mit Pfeffer würzen, von beiden Seiten anbraten, Butter hinzufügen und das Fleisch pro Seite etwa 3–5 Minuten braten, mit Salz würzen, herausnehmen, warm stellen.
Orange heiß waschen, abtrocknen, die Schale einer Hälfte hauchdünn abschälen und in Streifen schneiden, mit 6 EL Wasser, Honig und dem Saft der Orange etwa 2 Minuten kochen, den Bratenfond mit Madeira loskochen. Crème fraîche und die Hagebuttenkonfitüre einrühren, die Sauce cremig einkochen lassen, mit Salz, Pfeffer und Cayennepfeffer abschmecken. Die Steaks mit der Sauce servieren.
Dazu in Thymian geschwenkte Kartoffeln reichen.

Medaillons vom Sylter Dünenhasen

500 g Hasenrücken, Rosmarin, Thymian, gezupfte Majoranblätter, Salz, Pfeffer, Butterschmalz.
8 mittelgroße Kartoffeln, Salz, Pfeffer, 8 Scheiben Frühstücksspeck, 4 Rosmarinzweige.
50 g brauner Zucker, 50 ml Wasser, 125 g Cranberries, Saft von 1 Orange.

Den ausgelösten Hasenrücken würzen und mit den Kräutern bestreuen. In einer Pfanne in wenig Butterschmalz von allen Seiten scharf anbraten. Das Fleisch in Alufolie gewickelt etwa 15 Minuten bei 180 °C im Backofen garen lassen.
Die Kartoffeln gut waschen und mit der Schale weich kochen, schälen und kalt stellen. Die erkalteten Kartoffeln mit Salz und Pfeffer würzen, mit Speck umwickeln, die Rosmarinzweige halbieren und zwischen Speck und die Kartoffel stecken. Die Kartoffeln anschließend bei mittlerer Temperatur mit wenig Butterschmalz in der Pfanne kross braten.
Cranberries waschen, mit braunem Zucker und Wasser etwa 15 Minuten köcheln lassen. Mit Orangensaft verrühren.

Merdinger
Attilafelsen
1999
Spätburgunder Rotwein
Qualitätswein

Krabben-Quark-Terrine

7 Blatt weiße Gelatine, 250 g Magerquark, 450 g Magermilchjoghurt, 2 EL fein geschnittene Dillspitzen, 2 TL frisch gepresster Zitronensaft, Salz, Cayennepfeffer, 100 ml trockener Wermut, 1 TL Senfkörner, weißer Pfeffer, 250 g gepulte Nordseekrabben.
50 g Zwiebeln, 3 EL Weißweinessig, 1 EL Balsamicoessig, 6 EL Sonnenblumenöl, Zucker, 2 EL Forellenkaviar.

5 Blatt und 2 Blatt Gelatine getrennt in kaltem Wasser einweichen. Quark, Joghurt und Dill verrühren, mit Zitronensaft, Salz, Cayennepfeffer würzen. 5 Gelatineblätter tropfnass in einem kleinen Topf bei milder Hitze auflösen. Im Topf mit 3 EL Quark verrühren, dann unter die restliche Quarkmasse rühren. Die Hälfte in eine Form füllen. Im Kühlschrank etwa 20 Minuten kalt stellen. Restliche Quarkmasse bei Zimmertemperatur zur Seite stellen. Wermut mit Senfkörnern, Salz und Pfeffer 1 Minute kochen. Vom Herd nehmen, restliche ausgedrückte Gelatine darin auflösen. Etwas abkühlen lassen. Krabben auf dem fest gewordenen Quark in der Form verteilen. Wermut aufgießen und 10–15 Minuten kalt stellen. Restliche Quarkmasse auf das fast fest gewordene Gelee streichen. 1–2 Stunden kalt stellen.
Zwiebeln fein hacken. Mit Essig, Öl, Salz, Pfeffer, Zucker und 3 EL kaltem Wasser verrühren. Kaviar unterheben. Zur Terrine servieren.

Muschelsalat Morsum-Kliff

1000 g Miesmuscheln, 2 EL Öl, 1 El Mayonnaise 40 %, 1 TL scharfer Senf, 2 EL Apfelessig, 1 EL Zucker, 200 g Sahnejoghurt, 2 EL Zitronensaft, 150 g Crème fraîche, Salz, Pfeffer, 1 Spritzer Tabasco, 100 g Staudensellerie mit Grün, 1 Stange Porree, 250 g Äpfel.

Muscheln gründlich waschen und putzen, die offenen und beschädigten aussortieren. Dann in einem Sieb abtropfen lassen. Das Öl in einem Topf erhitzen, die Muscheln zugeben und 10 Minuten im geschlossenen Topf bei starker Hitze garen, bis sich alle Muscheln geöffnet haben, dabei mehrmals durchrühren. Die Muscheln mit 1 l Wasser abschrecken, dann abkühlen lassen und das Muschelfleisch aus den Schalen lösen. Die geschlossenen Muscheln aussortieren. Das Muschelfleisch mit Muschelwasser bedecken und kalt stellen.

Die Mayonnaise mit Senf, Essig, Zucker, Joghurt, Zitronensaft, Crème fraîche und 50 ml Muschelwasser verrühren. Mit Salz, Pfeffer und Tabasco würzen.

Sellerie putzen, schälen und in sehr feine Streifen schneiden. Die Sellerieblätter zum Garnieren beiseite legen. Den Porree putzen, waschen und abtropfen lassen, längs halbieren und in feine Scheiben schneiden. Die Äpfel schälen, achteln, vom Kerngehäuse befreien und in feine Scheiben schneiden.

Muschelfleisch abtropfen lassen. Mit Sellerie, Porree und Äpfeln unter die Mayonnaise heben. Mit den Sellerieblättern garnieren. Mit Brot servieren.

Perlhuhn mit Salat

4 Perlhuhnbrüste mit Schenkel, Butterschmalz, Salz, Pfeffer, 50 g Möhren, 50 g Sellerie, 50 g Zwiebeln, 1 Nelke, 1 Lorbeerblatt, 100 ml Madeira, 200 ml Wildfond, 2 EL Zitronensaft, 4 EL mildes Olivenöl, 1 Granatapfel, 30 g Walnusskerne, 100 g weiße Champignons, Salat.

Perlhuhnteile in Butterschmalz anbraten, salzen und pfeffern, zerkleinerte Möhren, Sellerie und Zwiebeln sowie die Nelke und das Lorbeerblatt hinzufügen. 15–20 Minuten im auf 180 °C vorgeheizten Ofen garen. Fleisch herausnehmen und erkalten lassen.
Den Bratensatz mit Madeira ablöschen und zusammen mit dem Wildfond reduzieren lassen. Die kalte Sauce mit Zitronensaft und Olivenöl, Pfeffer und Salz verrühren.
Geputzte Champignons in Scheiben schneiden, die Kerne aus dem Granatapfel lösen. Mit Sauce, Salat und Nüssen anrichten.

Westerländer Rotkohlsalat

20 g geschälte Sesamsaat, 1 kleiner Rotkohl (800 g), 1 Bund Koriander, 60 g Ingwerwurzel, 1 Limette, Salz, 3 EL Zucker, 3 EL Sojasauce, 3 EL Essig, $^1/_2$ TL Sesamöl, 3 EL Öl, weißer Pfeffer.

Sesamsaat ohne Fett in einer Pfanne goldbraun rösten. Rotkohl putzen und in feine Streifen schneiden. Korianderblätter grob hacken. Limettensaft, geschälten, geriebenen Ingwer, Salz und Zucker zum Rotkohl geben und kräftig durchkneten.
Sojasauce, Essig, Sesamöl, Sesam und die gehackten Korianderblätter verrühren und mit dem Kohl mischen. Mit Salz und Pfeffer abschmecken.
Mit dünnen gebratenen Rumpsteakstreifen und Stangenweißbrot servieren.

Keitumer Sommersalat

4–8 große Tomaten, 400 g Ziegenkäse mit Kräutern, 250 g Blattsalat und Basilikumblätter zur Garnierung.
Pesto: 6 EL fein gehacktes frisches Basilikum (etwa 20 g), 1 große Knoblauchzehe, geschält und zerdrückt, 50 g Pinienkerne, Saft von 1 Zitrone, 150 ml Olivenöl.

Die Tomaten waschen, trocknen und in Scheiben schneiden. Den Käse in Scheiben schneiden. Die Salatblätter waschen und trocken schleudern.
Die gewaschenen Basilikumblätter, den Knoblauch, die Pinienkerne und den Zitronensaft in einer Rührschüssel oder Küchenmaschine vermengen, bis sich eine glatte Paste bildet, dann das Öl gleichmäßig zugeben, bis eine dicke Sauce entsteht. Bei Bedarf noch mehr Öl zugeben, um die gewünschte Konsistenz zu erreichen.
Abwechselnd Tomaten- und Käsescheiben auf einen großen Teller legen und mit dem gemischten Blattsalat und dem Pesto anrichten.

Bratkartoffelsalat mit Räucherlachs

1000 g kleine festkochende Kartoffeln, Salz, 10 EL Olivenöl, Pfeffer, 60 g frische Meerrettichwurzel, 50 g Zwiebeln, 1 Bund Schnittlauch, 6 EL Weißweinessig, 100 ml Geflügelfond, 200 g Räucherlachs (in Scheiben).

Kartoffeln mit Schale möglichst am Vortag in Salzwasser garen, dann abgießen und abkühlen lassen.
Kartoffeln pellen und in 1 cm dicke Scheiben schneiden. 6 EL Öl in einer großen Pfanne erhitzen. Kartoffelscheiben darin portionsweise goldbraun braten, aus der Pfanne nehmen und auf Küchenpapier abtropfen lassen. Mit Salz und Pfeffer würzen.
Meerrettich schälen und fein raspeln. Zwiebeln pellen und fein würfeln. Schnittlauch in Röllchen schneiden. Essig mit 4 EL Olivenöl, Salz, Pfeffer, Meerrettich, Geflügelfond, Zwiebeln und Schnittlauch verrühren.
Die Kartoffelscheiben kurz vor dem Servieren unter das Dressing heben. Den Kartoffelsalat mit Räucherlachs servieren.

Braderuper Bauernfrühstück

300 g Kartoffeln, 50 g Steinpilze, 1 große Zwiebel, 50 g Räucherspeck, 3 Eier, 2 Tomaten, Salz, Pfeffer, 1 EL Schnittlauchröllchen, Butterschmalz zum Anbraten.

Kartoffeln waschen und bissfest garen. Abkühlen lassen, pellen und in nicht zu dünne Scheiben schneiden. Im heißen Butterschmalz von allen Seiten goldbraun anbraten.
Steinpilze putzen und in Scheiben schneiden.
Steinpilze, Speck- und Zwiebelwürfel zu den Kartoffelscheiben geben und mitbraten.
Die Eier verquirlen, würzen und über die Kartoffeln gießen. Auf kleiner Flamme das Ei stocken lassen.
Tomaten waschen und in Spalten schneiden. Damit das Bauernfrühstück garnieren und die Schnittlauchröllchen darübergeben.

Osterender Kartoffeln mit Crème fraîche

4 große Kartoffeln (mehlig kochend), Salz, 2 EL weiche Butter, 1 TL Meerrettich aus dem Glas, Meersalz, 100 g Crème fraîche, 50 g Forellenkaviar, grobkörniger Pfeffer, große Salatblätter zum Garnieren.

Die Kartoffeln mit einer Gemüsebürste unter fließendem Wasser sorgfältig abbürsten, dann in Salzwasser gar kochen. Die Butter in einer Schüssel mit Meerrettich und 1 Prise Meersalz schaumig rühren.
Die gegarten Kartoffeln halbieren. Mit einem Löffel das Kartoffelinnere herauskratzen (dabei einen etwa 1 cm dicken Rand stehen lassen). Das Kartoffelinnere zu der Butter geben und mit einem Schneebesen zu einem luftigen Püree verrühren. Mit einem Spritzbeutel oder Löffel in die Kartoffelhälften füllen. In die Mitte jeweils eine kleine Mulde eindrücken.
Crème fraîche glatt rühren, in die Mulden füllen. Den Kaviar darauf verteilen, mit Pfeffer bestreuen und auf Salatblättern anrichten.

Matjes mit Roter Bete

250 g Matjes-Filet, grüner Salat, 3–4 gehackte Rote Bete aus dem Glas, 2 EL Kapern, 4 Eigelb, Zwiebelringe, Dill.

Salat gründlich waschen und gut abtropfen lassen, in Streifen schneiden und auf den Boden von vier Portionsschalen legen. Die abgetropften Heringsstücke in Streifen schneiden und abwechselnd mit der Roten Bete und den Kapern in die Schalen schichten.
Jeweils ein Eigelb in die Mitte geben und mit Zwiebelringen und Dill garnieren.
Dazu Brot servieren.

Futtjes

4 Eier, 250 g Mehl, $^1/_4$ l Sahne, etwas Salz, Zucker, etwas geriebene Zitronenschale, $^1/_2$ Würfel Hefe, Zucker, Milch, Puderzucker.

Eier aufschlagen, mit dem Mehl, Sahne, Salz, Zucker und der geriebenen Zitronenschale zu einem Teig verarbeiten.
Hefe mit Zucker und Milch auflösen und zum Teig geben. An einem warmen Ort kurz gehen lassen.
Dann in einer ausgefetteten Futtjespfanne von beiden Seiten backen. Mit Puderzucker bestreuen.

Sylter Rote Grütze

250 g Erdbeeren, 250 g Kirschen, entsteint, 250 g rote und schwarze Johannisbeeren, 250 g Himbeeren, 250 ml roter Fruchtsaft, 150 g Zucker, 75 g Sago, 1 Stange Zimt, flüssige süße Sahne.

Beeren waschen und von den Stielen befreien. Zimtstange und Sago mit dem Fruchtsaft in einen großen Topf geben und aufkochen. Sobald die Sagoperlen glasig sind, Zucker zugeben und erneut aufkochen. Die Früchte in den Topf geben, alles 2 Minuten kochen, abkühlen lassen und über Nacht kühl stellen.
Mit flüssiger süßer Sahne servieren.

Verschleiertes Bauernmädchen

2 Äpfel (Boskop), 250 g Schwarzbrot, 50 g Butter, 100 g Zucker, 2 Becher Sahne, 1 Päckchen Vanillezucker, 1 EL Schokoraspeln, 4 TL Johannisbeergelee, 4 Blättchen Zitronenmelisse.

Aus den Äpfeln Apfelmus herstellen. Kalt stellen. Schwarzbrot zerkrümeln und mit Butter und Zucker anrösten. Erkalten lassen.
Die Sahne mit Vanillezucker steif schlagen. Dann die Brotkrümel, Apfelmus und Sahne abwechselnd in Dessertgläser füllen. Mit Schokoraspeln und Johannisbeergelee garnieren.
Mit einem kleinen Blättchen Zitronenmelisse verzieren.

Sylter Teecreme

3 Blatt weiße Gelatine, 4 EL Teeblätter „Ostfriesenmischung", 100 g Zucker, 3 Eigelb, 100 ml Milch, 200 g Schlagsahne, 1 Vanilleschote.

Gelatine in kaltem Wasser einweichen, Teeblätter mit $^1/_8$ Liter kochendem Wasser überbrühen und 5 Minuten ziehen lassen. Durch ein Sieb gießen, dabei die Teeblätter gut ausdrücken. 50 ml Tee abmessen.

Zucker und Eigelb schaumig schlagen. Milch, 50 ml Schlagsahne, Tee und das Mark der Vanilleschote aufkochen und unter ständigem Schlagen zur Eimasse gießen. In einem Topf im Wasserbad bis kurz vor dem Kochen schaumig aufschlagen. Keinesfalls kochen lassen.

Gelatine gut ausdrücken und unter Rühren in der Creme auflösen. In ein Eiswasserbad stellen und abkühlen lassen, dabei öfter umrühren.

Wenn die Creme zu gelieren beginnt, die restliche Sahne steif schlagen und unterheben. In eine Schüssel füllen und kalt stellen. Dazu werden Sauerkirschen oder Rumtopffrüchte gereicht.

Crêpes mit Johannisbeeren

125 g Weizenmehl, etwa 200 ml Milch, 2 Eier, 3 Eigelb, 4 EL Butter, 50 g feiner Zucker, 200 g Johannisbeeren, 75 g Gelierzucker, 2 EL Johannisbeerlikör, etwas Butter, Puderzucker.

Mehl in eine Schüssel sieben, die Milch mit einem Schneebesen einrühren. Die Eier und die Eigelbe nacheinander unterrühren. Die Butter in einer Pfanne schmelzen und mit dem Zucker dazugeben. Den Teig mindestens 60 Minuten quellen lassen.
Einige Rispen der Johannisbeeren zur Dekoration aufbewahren, die restlichen Beeren mit einer Gabel von den Rispen streifen. Die Beeren mit dem Gelierzucker und 3 EL Wasser erhitzen, einmal aufkochen und den Likör zugeben. Erkalten lassen.
Eine Pfanne mit Butter einfetten. Mit einer Kelle in die Mitte der Pfanne wenig Teig geben, dann die Pfanne kreisförmig bewegen, sodass der Teig gleichmäßig bis an den Rand der Pfanne fließen kann.
Bei nicht zu starker Hitze die Crêpe auf beiden Seiten backen, ohne dass sie Farbe bekommt. Die fertigen Crêpes auf einem Teller im Backofen bei 75 °C warm halten.
Die Crêpes tütenförmig zusammenfalten und mit Johannisbeeren verzieren. Auf Tellern anrichten, mit Puderzucker bestreuen und einige Johannisbeer-Rispen anlegen.

Inhalt

Die Rezepte sind für vier Personen berechnet. Alle Rezepte und Tipps sind mit Sorgfalt ausgewählt und geprüft. Eine Haftung des Verlages und seiner Beauftragten für Schäden an Personen, Sach- und Vermögensgegenständen ist ausgeschlossen.

Bibliografische Information der Deutschen Nationalbibliothek

Die Deutsche Nationalbibliothek verzeichnet diese Publikation in der Deutschen Nationalbibliografie; detaillierte bibliografische Daten sind im Internet über http://dnb.d-nb.de abrufbar.

Gesamtherstellung: Husum Druck- und Verlagsgesellschaft
Postfach 1480, D-25804 Husum – www.verlagsgruppe.de
Gesammelt und ausprobiert vom Kochstudio ppfotodesign Frauke Pump

In Zusammenarbeit mit dem Sylt MAGAZIN

ISBN 978-3-89876-485-8